LE PROGRAMME

DE LA

FRANCE

IMPÉRIALE

Par le DUC DE ROVIGO

PARIS

LIBRAIRIE NOUVELLE

BOULEVARD DES ITALIENS, 15

A. BOURDILLIAT ET Cie, ÉDITEURS

La traduction et la reproduction sont réservées

1861

Paris. — Imp. de la Librairie Nouvelle, A. Bourdilliat, 15, rue Breda.

LE PROGRAMME

DE LA

FRANCE IMPÉRIALE

Au manifeste qui proclamait l'affranchissement de l'Italie, des Alpes à l'Adriatique, a succédé le traité de Villafranca, qui en était la négation.

Le traité de Villafranca, considéré comme non-avenu par le roi de Piémont, qui cependant lui doit la Lombardie, s'efface à son tour devant la déclaration qui pose le principe restreint de l'inviolabilité du patrimoine de saint Pierre.

En présence de ces oscillations, dont le public s'imagine ne pas avoir le secret, les esprits s'égarent à la recherche du but définitif que se propose la politique de l'Empereur et des motifs qui la dirigent.

Il suffirait cependant, pour éclairer la situation, de se rappeler les diverses professions de foi, écrites ou verbales, de l'Empereur, sa constante attitude dans l'exil, dans la captivité ou sur le trône, et de tenir un compte exact des obligations que lui imposent son double titre d'héritier de son oncle et d'élu du suffrage universel, pour reconnaître que le programme de Napoléon III ne saurait être, et n'est en effet, sauf la différence des temps qui commande celle des moyens, que celui de Napoléon Ier.

Examinons :

I

Trois principes nouveaux régissent la situation politique : le suffrage universel, la non-intervention et le droit accordé aux peuples de remanier leur nationalité.

Fort de ces trois principes, et par conséquent d'accord avec la révolution, le roi de Piémont a entrepris *d'unifier* l'Italie.

Son mandat, impératif comme une lettre de change, comporte l'annexion des États pontificaux et celle de la Vénétie, dans un délai dont l'échéance expire au 1er avril.

Cependant, le roi de Piémont rencontrera, à Rome,

le catholicisme appuyé sur l'armée française, et à Venise l'Autriche acculée sur la confédération germanique.

Jusqu'à ce jour, le roi de Piémont n'a contribué que faiblement à la conquête des territoires fraîchement anneés ; la révolution ayant pris le soin d'aplanir ses voies et de dresser ses sentiers, son rôle s'est borné à recueillir les trophées de la victoire.

Victor-Emmanuel est donc engagé d'honneur à éconduire les Français de Rome et à chasser les Autrichiens de Venise ; la couronne *d'Italie* est à ce prix, et si Victor-Emmanuel n'est pas *roi d'Italie*, il n'est plus rien, car, à ce jeu des dénationalisations partielles, le Piémont a perdu sa nationalité privée, et aspire, comme de raison, à se fondre dans la grande unité italienne.

Si Victor-Emmanuel n'a pas remplis son engagement au 31 mars prochain, M. Mazzini, dont le roi de Piémont n'est, aux yeux des Italiens, que le précurseur, l'écartera de la main, embouchera à son tour le porte-voix du suffrage universel, proclamera la république italienne une et indivisible, et rouvrira à sa patrie l'ère de l'anarchie et de la guerre civile.

En cette conjoncture, quelle conduite tiendra la France ? Nice et la Savoie doivent être considérées comme la rançon de la Toscane, des duchés et des Romagnes ; la France s'est de plus obligée à garantir au roi de Piémont la possession de la Lombardie, qu'elle lui a donnée : la France se décidera-t-elle, sur la mise en demeure de Victor-Emmanuel, à violer le principe de non-intervention, ou se résignera-t-elle, pour dégager sa parole, à restituer Nice et la Savoie à M. Mazzini ?

Dans l'hypothèse où Victor-Emmanuel parviendrait à triompher de la réaction napolitaine, des complots de M. Mazzini, des scrupules de la France et des armes de l'Autriche, n'est-il pas à propos de se demander si *l'unification* de l'Italie serait avantageuse à la France?

Et d'abord, n'est-il pas admis que mieux vaut pour un état, un voisin faible et divisé qu'un voisin puissant?

Il n'existe pas en Europe un royaume qui n'ait en vue le développement de sa puissance continentale ou maritime. Quelle serait l'ambition de l'Italie, forte de vingt-sept millions d'habitants et riche d'une immense étendue de côtes?

L'Italie solliciterait la restitution de Nice, la cession des îles de Corse et de Malte, un établissement en Afrique; elle aspirerait à balancer l'influence de la France dans la Méditerranée et rechercherait l'alliance de la confédération germanique.

Les efforts de la France n'auraient donc abouti qu'à exonérer l'Autriche des soucis de sa conservation en Italie, et à la contraindre à concentrer sur nos frontières toutes ses rancunes, toutes ses ambitions, toutes ses espérances.

L'unification de l'Italie est si peu dans les intérêts de

la France, que Napoléon III avait donné pour base au traité de Villafranca un projet de confédération des États italiens.

Sous cette proposition, Victor-Emmanuel crut apercevoir le fantôme du protectorat français, et se résolut à jouer le tout pour le tout, dans l'espoir qu'en couvrant la violation du traité de Villafranca, par la cession de Nice et de la Savoie, il rendrait impossible dans l'avenir tout retour aux idées de confédération.

La suite nous apprendra si Victor-Emmanuel, en repoussant la planche de salut que lui présentait l'Empereur, n'a pas entraîné l'Italie sur la pente de la réunion à la France.

Dans le nombre des suppositions qui se rattachent à l'origine de la guerre d'Italie, je relève deux assertions dénuées de fondement, mais non pas de crédit :

En premier lieu, on prétend que l'affranchissement de l'Italie aurait été résolu sous la pression de l'attentat du 14 janvier 1859 ; l'Empereur aurait alors reconnu la nécessité de faire sa part à la démagogie et de la lui faire large et prompte.

Un pareil calcul ne se comprendrait pas ; ce n'est pas en essayant de constituer la en démagogie qu'on parviendrait à la dominer. La démagogie brise tous les pouvoirs qui, après avoir pactisé avec elle, s'efforcent de la modérer, comme elle dévore tous les chefs qui entreprennent de la discipliner ; du moment où elle accepterait une direction, elle ne serait plus la démagogie.

La vérité est dans ce fait que les engagements de l'Empereur envers l'Italie portent une date certaine, celle du mouvement italien qui suivit la révolution de Juillet. Le crime d'Orsini n'eût certainement influé sur les volontés de l'Empereur qu'en sens inverse des intentions présumées de l'assassin, si le chef de l'État, dont la décision était arrêtée, n'eût surmonté la crainte vulgaire de paraître céder à l'autorité du couteau.

On assure, en second lieu, que la guerre d'Italie n'aurait été qu'une diversion opérée par l'Empereur, dans le but de se dégager de la promesse relative au couronnement de l'édifice.

Raisonner ainsi, c'est méconnaître à la fois les instincts réels de la France et la puissance du principe qui la régit.

Le pays est-il donc au fond si épris, si avide de liberté, et l'égalité ne lui suffit-elle plus?

L'Empereur connaît le tempérament de cette nation, et les concessions libérales qu'il vient d'octroyer, c'est pour se mettre en règle avec l'Europe qu'il les a faites : la France ne lui demande que de la gloire.

Ces actes spontanés n'ont du reste établi qu'un fait dont personne ne doutait : c'est que l'Empereur s'est réservé le droit de modifier la Constitution.

L'Empereur n'a pas dit aux Français : Parlez, que demandez-vous ? mais il leur a dit : Prenez, voici ce qu'il me convient de vous accorder !

Qu'importe à la France la Liberté, dont elle a si souvent abusé, et dont quelquefois même elle a trafiqué ?

Croit-on que si la France ne se sentait pas vouée à une minorité prolongée, elle eût appelé de ses vœux un conseil judiciaire et proclamé sa propre mise en tutelle par la voix du suffrage universel ?

Les membres du Corps Législatif ont seuls le droit de parler au nom de la France : leur silence n'est-il pas significatif ?

Eh ! mon Dieu, dans le nombre des chauds partisans du couronnement de l'édifice, combien ne compte-t-on pas d'hommes d'État qui ont possédé naguère le pouvoir de fonder ce qu'ils réclament aujourd'hui et qui ne l'ont pas voulu ?

La France a eu le choix entre la Révolution et la Liberté ; elle a choisi la Révolution. La Liberté s'est dès lors réfugiée dans les mœurs qui y trouvent leur compte et s'opposent à ce que leur captive passe dans les institutions.

Il était donc superflu de chercher, par l'appareil d'un grand spectacle militaire, à distraire la France d'aspirations qu'elle ne ressent pas.

L'Empereur, s'il le jugeait à propos, pourrait, sans inconvénient, doter le pays d'institutions plus libérales que celles dont il jouissait sous le règne précédent.

L'Empereur est fort, et Louis-Philippe était faible.

Louis-Philippe était l'élu d'une minorité législative : L'Empereur est l'élu du suffrage universel.

Louis-Philippe avait détrôné la légitimité, et l'Empereur n'a détrôné que l'anarchie.

La Révolution considérait Louis-Philippe comme un intrus : elle reconnaît dans l'Empereur son représentant légitime.

Louis-Philippe persécutait la presse, sans réussir à la désarmer : en soumettant les journaux au régime de l'autorisation préalable, l'Empereur en a tellement accru la valeur financière, que leurs propriétaires en sont devenus les censeurs vigilants et sévères.

Louis-Philippe restait sourd aux plaintes de l'Italie, aux gémissements de la Pologne : l'Empereur a délivré l'Italie, et la Pologne salue l'espoir de sa résurrection.

Louis-Philippe s'effaçait devant une note des cabinets de Saint-Pétersbourg, de Vienne ou de Londres : l'Empereur a vaincu les Russes à Sébastopol, et les Autrichiens à Solferino ; sans égard pour les défiances de l'Angleterre, il a planté sur la Syrie le pavillon du protectorat français.

La ville de Paris, rebâtie au point de vue stratégique, ne laisse plus de champs de bataille à l'insurrection.

L'armée, enfin, retrempée par ses victoires sur l'émeute, ne permettra plus que son drapeau s'abaisse devant elle.

L'Empereur n'a plus à se préoccuper de la conquête intérieure ; la pacification du pays est opérée : tant que l'Empereur restera fort, la France restera fidèle. Si donc l'Empereur conserve de grands pouvoirs, c'est qu'il a de grands desseins dont l'exécution exige la concentration entre ses mains de toutes les forces nationales.

II

'Le prince Louis Bonaparte, traduit devant la Cour des Pairs, disait à ses juges : « Je représente un principe, un nom, une défaite ! »

N'était-ce pas déclarer que jusqu'au jour où ce principe aurait triomphé, où ce nom aurait reconquis son prestige, le prince se considérerait comme le représentant d'une défaite ?

Il ne s'agit plus, on le voit, de modifier ou même de supprimer quelques articles des traités de 1815 : il s'agit de les déchirer de la première page à la dernière, et de reprendre en sous-œuvre la bataille de Waterloo.

Tel est le programme de l'Empereur, le seul, le véritable, celui que dans la captivité, dans l'exil ou sur le trône, il a toujours maintenu : la France a proclamé deux fois, par la voix du suffrage universel, que tel est également son vœu.

Le crime de la Sainte-Alliance et des traités de 1815

a été d'imposer à la France la solidarité du retour de l'île d'Elbe.

La Sainte-Alliance aurait dû comprendre que la France était non-seulement innocente, mais victime de cette tentative; dans l'ardeur de sa vengeance, elle abusa de sa victoire, non pour écraser le pays, providentiellement défendu par le prestige du vieux droit monarchique, mais pour l'humilier.

Humilier une nation qui sacrifierait ses plus belles provinces pour racheter la colonne Vendôme !

C'est ainsi que les traités de 1815, motivés par la violation des traités de 1814, sont devenus un grief national.

La maison de Bourbon dut en partager l'opprobre avec la France ; de quelles forces disposait-elle pour continuer une lutte dont l'armée, dont Napoléon lui-même avaient désespéré ? Mais proclamons bien haut, à l'honneur du sang de Henri IV, que la révolution de juillet renversa le trône de Charles X au moment où ce roi, véritablement français, s'apprêtait à déployer sur les bords du Rhin le drapeau d'Ivry et de Fontenoy.

C'est qu'en effet, le respect des traités de 1815 ne s'accordait pas mieux avec les traditions de la monarchie légitime, qu'il ne se concilie avec la mission de Napoléon III.

Les deux branches de la maison de Bourbon ont succombé tour à tour sous la haine qu'inspirent ces traités : la branche aînée pour les avoir subis, la branche cadette pour les avoir acceptés. La France, en se tournant vers Napoléon III, a voulu se donner un vengeur.

La prise de Sébastopol, la délivrance de l'Italie, l'annexion de Nice et de la Savoie, la protection étendue sur les chrétiens d'Orient, les bons rapports établis avec le Danemark, la Grèce, le Monténégro et les provinces Danubiennes, sont la préface d'événements considérables et prochains.

L'Empereur, après avoir dit : *l'Empire, c'est la paix !* a eu le soin d'ajouter que *le monde est tranquille quand la France est satisfaite !* Cette double déclaration équivaut à un ultimatum ; la France veut déchirer les traités de 1815, et remonter au rang dont ces actes l'ont fait déchoir : l'Europe avertie ne peut lui refuser cette satisaction sans poser un *casus belli*..

Et le *casus belli* sera posé. L'Empereur le sait bien, la France n'en doute pas : les regards de nos soldats se dirigent d'avance vers le Rhin.

Quelle résistance opposera l'Allemagne à cette invasion d'un peuple qui considère le monde comme sa patrie, et se lève tout entier pour le revendiquer ?

Les efforts de la diplomatie française ont déjà rompu l'unité de la défense.

L'Angleterre et la Russie, en rivalité pour l'alliance française, inconciliables sur la question d'Orient, se neutrafisent réciproquement ; la Prusse se montre, comme toujours, égoïste, indécise, combattue par des arrière-pensées, et prête à clocher du côté de ses ambitions.

La défense de l'Europe monarchique repose sur le dévouement de l'Autriche et sur le patriotisme des États secondaires de l'Allemagne.

La France révolutionnaire débordera comme une avalanche.

Les grandes invasions sont l'œuvre des peuples nomades ; la révolution, qui ne s'impose que par la conquête, a baptisé ses nomades du nom de volontaires. Sous l'action combinée de la conscription et du code civil, la France, devenue mobile comme un bataillon, n'a gardé de ses traditions que ce qui peut en tenir dans une giberne. Plus de familles, plus de citoyens, mais des régiments et des soldats : le Français a pour code une consigne, pour demeure le bivouac, et l'amour de la gloire lui tient lieu des principes eux-mêmes qu'il propage à l'ombre de son drapeau : à vingt ans il se met en route, emportant sa patrie sous la semelle de ses souliers.

L'Europe, coalisée en 1814 contre la France épuisée d'hommes et à bout de ressources, ne dut ses succès qu'à un concours inouï de fautes et de défections ; la France, plus puissante que jamais, s'ébranle de nouveau sous la main d'un homme qui, fort des leçons du passé, saura mieux que le grand capitaine recueillir tous les avantages de la victoire.

Les peuples, enfin, qui se levèrent jadis contre Napoléon Ier, se lèveront-ils aujourd'hui contre Napoléon III ? Le dogme des Nationalités géographiques, qui fit tout le mouvement de 1813, n'est-il pas gravement atteint par la théorie de l'Unité révolutionnaire ?

Comment s'étonner des prétentions de la France à la domination universelle ? ces prétentions reposent sur un droit bien puissant : le droit du maître sur le disciple. La France, tour à tour le martyr ou l'apôtre de la révolution, n'a-t-elle pas marqué du sceau de ses idées les peuples qu'elle appelle à la régénération ? De la suzeraineté morale à celle de fait, le trajet est court.

En déchirant les traités de 1815, la France prend l'attitude du sphinx antique pour poser à l'Europe cette énigme redoutable : En vertu de quel principe une nation peut-elle s'attribuer le droit de rompre avec le passé, de constituer le présent et d'engager l'avenir ?

Toute nation qui ne devinera pas que c'est en vertu du principe de la souveraineté du peuple, sera dévorée. Les rois attendent l'évènement avec ce calme qui les caractérise, dans l'espoir que ne devant être dévorés que successivement, et, pour ainsi dire, par rang de taille, chacun d'eux aura le temps de voir venir.

Le droit ancien et le droit nouveau sont en présence.

Une lutte terrible est inévitable.

L'épreuve sera décisive.

La France s'est engagée, par deux votes solennels, à vaincre ou à mourir : *Hoc erat in votis.*

FIN

www.ingramcontent.com/pod-product-compliance
Lightning Source LLC
Chambersburg PA
CBHW071657030726
47598CB00005B/2110